AF666438

Andreas Gößling

Stunde der Mörder

Lyrik

Für Anne

EDITION MARBUELIS

Andreas Gößling im Internet:
www.andreas-goessling.de
www.facebook.com/andreasgoesslingautor/

*Andreas Gößling, geboren 1958 in Gelnhausen,
hat Germanistik, Politikwissenschaft und Publizistik studiert
und 1984 mit einer Dissertation über Thomas Bernhards Prosa promoviert.
Seit Mitte der 1980er-Jahre hat er zahlreiche Bücher veröffentlicht,
sowohl literaturwissenschaftliche Werke als auch Sachbücher und Romane.
Die* ***Edition Marbuelis*** *versammelt eine Auswahl seiner Werke
in vom Autor überarbeiten Neuausgaben.*

Andreas Gößling

Stunde der Mörder

Edition Marbuelis - Band 10

EDITION MARBUELIS

Ähnlichkeiten mit lebenden oder toten Personen
wären reiner Zufall und nicht beabsichtigt.

Edition Marbuelis im Internet:
www.marbuelis.de

Originalausgabe
(c) 2020 Edition Marbuelis im Verlag MayaMedia GmbH, Berlin.
Alle Rechte vorbehalten. Das Werk darf (auch auszugsweise) nur mit Genehmigung des Verlags wiedergegeben werden.

Satz und Cover: Adobe InDesign im MayaMedia-Verlag
Coverabbildung: ©holwichaikawee - stock.adobe.com

Druck und Vertrieb: BoD, Norderstedt
ISBN: 978-3-944488-54-7

Inhalt

Draußen

Vier

Der Künstler schlägt Kinder aus Stein und
wälzt sie über die Leinwand, er schließt sie
in Gips, er knetet sie in Lehm ein, der

Feinschmecker trinkt aus Kindern Wein, er
löffelt mit ihren Händen, er wischt sich
an ihren Schultern das Maul ab, der

Jäger jagt uns im Wald umher, wir sind Hasen
und Kitze, wir verstecken uns hinter Hecken, er
findet uns überall. Sie kommen frühmorgens, der

Künstler wiegt sein Bild im Arm, der
Jäger hat sein Blasrohr am Mund, der
Feinschmecker lutscht versonnen. Die

Sonne geht auf, die Luft ist Angst,
jeder Grashalm Entsetzen.
Mit unseren Nägeln gräbt der

Gärtner die Erde auf, er legt uns
in die Grube, sät ein, er
schaufelt uns zu.

Mondkalender

Bei Hassmond werfen eure Weiber
eisig weiße Hundeleichen,

bei Zornmond kriechen aus ihnen
kochendrote Katzenkleine,

nur unter dem Neumond kriegen sie
Kinder mit warmen Fingern,

die nach Jahren bei Vollmond
die Katzen ertränken, die Hunde begraben,

und einander die Schädel einschlagen,
worauf wir wieder Ruhe haben.

Grauen

Wir ziehen dich auf, wir
ziehen dich rein, wir
ziehen dich der Lüge, als du
von unseren Zielen erzähltest.

Was zuckst du, Zuckersüßer,
bist uns zugeflogen, haben
dich umerzogen, um dich
durchzuziehen bei Nacht.

In den Gräben lauern die Hauer, die
schattengrauen, die keine Häuser bauen,
die machen keine Gefangenen, die
lachen mit den Gefallenen, lach mit.

Mit oder ohne

Als das Mädchen mit den Frittenhaaren
auf der Kaimauer im Regen tanzt,
barfuß im Pelerinenmantel,
immer hart am Beckenrand,
ihre Haut mayoweiß,
der Mund ein Ketchupomega,
da ist mir klar: Sie wird fallen.
Ihr Haar schon pommesblonder Tang,
als sich über ihr das Ölauge schließt.

Pool

Unter dem Wasserspiegel wienert er
den Chrom blank, bevor er dir Smirnoff
auf den Tresen knallt, die Augen
in seiner Spiegelbrille sind deine.

Kopfüber hängen die Flaschen
vor der Spiegelwand, spritzbereit,
während sie oben vorbeigeht
am Rand deiner Genpoolbar.

In keinem Jahr

Die Hirsche in deinen Wäldern
sind kranke Könige,
verwirrt und abgedankt.

Sie kennen den Klang deines Jeeps,
am Straßenrand warten sie
und starren dir nach.

Sie sehen dich nicht, ihre
Augen sind verdreht oder leer.
Bettlern gleichen sie.

Das Sommerhaus ist eine Hütte im Schilf,
Hornissen unterm Dach, drinnen die
Wut der Marder wie jedes Jahr.

Du legst dein Hemd auf den Steg,
Sandalen und Hosen, das Königshaus
heute steht unten im See.

Du willst bei ihr bleiben, du bettelst
die Königin an, sie schickt dich
wieder hoch wie jedes Jahr.

Die Luft ist würzig und warm
wie in keinem Jahr, in dem
die Hirsche herrschten.

Versagt

Sein Problem sei, so sagen sie,
sein sagenhafter Eigensinn,
er müsse sagen, was die anderen sagen,
zumindest zu dem, was die anderen sagen,
etwas sagen, das zu dem, was die anderen sagen, passt,
besser noch etwas sagen, das den anderen,
die das Sagen und Nachsagen haben, passt,
auch wenn er dann nichts mehr sagt.

Verkostet

Plankton an Panik,
Seegras mit Sorgensprossen,
sind noch lange kein
poetisches Abendmahl.

Lemminge stromschnellenweise
zwischen die Zeilen gekübelt,
Zwielicht auf Trüffelschaum
füllt die lyrische Sauciere.

Lemuren mit Lemon,
Angstdudler im Abgang
ergibt noch lange kein
philosophisches Sternemenü.

Ohne

Als ich euch
vor aller Augen
im schimmernden Studio
voll ausgeleuchtet
vor laufenden Kameras
am Ende der Antwort
scheinbar schattenlos
verloren

ging

Beschützer der Bienenschwärme

Ein Imker war ich, der Hornissen hegte, ein Sammler
von Schwammholz und toxischen Moosen, ich
mästete Marder unterm Kükenkäfig und wer mich
ertappte, wusste nichts von mir.

Unbemerkt, unbeargwöhnt, unsichtbar.
Unerkannt unter Lastern, die ihr verstandet,
mein dunkler Schatz: unerahnt.

Für die bösen Völker büßte ich,
für Sporenhölzer, falsche Vliese, ich
schlachtete die Räuber eigenhändig, ich
sah euch lächeln, als ihr mir vergabt.

Bin wieder Beschützer der Bienenschwärme,
schicke den Schnitzern Wurzelstöcke,
den Perlenhändlern Samt, sammle
allen Profit in der Marderhöhle und

schreie mich in den Schlaf.

Heimat Traum

Der bucklige Marktplatz umstellt von Fachwerk,
Fenster vernagelt, Fassaden saniert und poliert.
Männer stehen am Feuer aus Resten
der von Tritten zertrümmerten Bank.

Die steinernen Beine nahebei aufgestapelt,
untauglich zum Verfeuern, gut genug,
dir den Kopf einzuschlagen, wenn du
noch lange bei der Eiche stehst und starrst.

Bärte verklebt von Rotz und Fusel,
Hände fuchteln, Funken sprühen,
Stimmbänder knarren, kein Wort zu verstehen
im Schweigen des Jahrhunderte alten Baums.

Die Krone grau, von Käferfraß schütter
der Brunnen darunter seit langem trocken,
vom Grund schimmern dir Knochen entgegen,
in Laub und Staub ein Plastikskelett aus Vietnam.

Die Eiche trägt einen Sprengstoffgürtel,
du stehst in Habacht vor dem Stamm,
die Dioden blinken:
Go Wotan go.

Rituale des Ü

Zieht Opa mal das Messer raus
(My sweet Lo-ord!)
unser Gast will sein Schnitzel schneiden.
Wir brauchen Rituale,
Treppen im Trüben,
Rituale des Übergangs.
Wir haben nur vom Arsch genommen,
da fällt das gar nicht auf.
(Oh, my Lo-ord!)
Dreht Opi nicht um, zieht ihm
die Hosen nicht runter,
dann kriegt das keiner mit.
(Oh, my Lo-ord!)
Wir brauchen Rituale,
Stufen im Schmodder,
Rituale des Ü,
Rituale des Über
(My sweet Lo-ord!)
Rituale des Übergangs.

Dazwischen

Malun

In meinem Kindheitsturm
liegen Knochen und Kettchen,
die Reste des Jungen,
den ich erschlug.

Ich rief ihn Malun,
alles an ihm, sein
Nacken, sein Blick
war Verrat.

Ich verstieß ihn, er
ließ mich nicht, er
verbarg sich, ich
vergaß ihn nie.

Ich vergrub ihn im Verlies,
niemand hat ihn je vermisst,
seine Mutter, seine Schwester
nicht, nur ich.

Auch mein Vater fragte
nicht: woher der Schrei?
Ich verschloss den Turm
für alle Zeit.

Da im Dunkel da

Ich lieg im Licht, er im Schatten,
wie Holz, wie Gerümpel
da im Winkel, im Dunkel da.

Ihn von mir weggehackt,
wär es Gnade, wär es Qual,
ihn zu lassen da im Winkel da.

Geh zu ihm, wie ich liegt er
da nur aus Nacht, mein Gesicht
im Spiegel aus Spinnenzwirn.

Muss ihn hacken, wieder hacken
mit der Schattenhand stopfen
den Winkel da im Dunkel da.

Du stürzt ab

Du schwimmst durch Gestein,
durch Erze und Flöze,
ob kreuz oder quer: ganz egal.

Du fliegst durch Erde,
die Toten deine Sterne,
deine Engel Füchse,
wenn du den Grund wie
mit Schwingen durchpflügst.

Du gehst über Wasser,
bei Flut oder Flaute: das sowieso.
Du teilst nicht die Fluten,
auf ihrer Haut fährst du
unsinkbar dahin.

Aber treib es nicht zu weit,
auch du kannst nicht immer
und immer überziehen.

Sonst schwebst du im Himmel,
mit Tauben und Falken
von Wolke zu Wolke,
deine leichteste Übung,
und stürzt ab.

Plötzlich eine Puppe
mit Holzgliedmaßen,
mit Flusskieselaugen,
mit lehmigem Herzen
wie wir.

Lieber

Nicht dichten wie im Sarg
Versskelette
Bildermumien

Schreib lieber nackt
hautlos entzündet
sprachherrisch stilgekühlt

Lieber vom Knast mit
14 interniert dein Fenster
sprung in die Dornen

Wie du schriest
Hemd Hose Haut
in Fetzen du um

dein Leben hinter dir
die Hunde an den Würge
bändern ihres Herrn

Lyrik wie Gülle
Metaphernmulch
Düngerlügen

Wie ich dich
im Stich ließ
Lieber

Vielleicht

Bin manchmal
ein Hund ein Stein
ein weinender Fluss
ein Schreigebiss
ein Auge das lügt
ein Schlund der verrät
eine Möwe aus Schmerz
ein Engel voll Hass
ein Fels von euch zugebaut
und nie vielle   t

Über den

Du warst ein Krug, der sich mit Schatten füllte,
mit Flüstern, Farben und dem Echo von Gerüchen.
Du weißt keine Orte mehr und keine Menschen,
und auch die Düfte selbst weißt du nicht mehr.

Du hast die Schatten nicht vergessen,
sie haben dich nur niemals tief berührt.
Aus den Schatten formten sich Geschichten,
und auch die weißt du nicht mehr.

Du warst der Himmel, über den die Vögel flogen,
bis auf ein Schaudern bliebst du unbewegt.
Du warst der Grund, auf dem die Fische zogen,
und auch dich selbst weißt du nicht mehr.

Nur die See

Stecken bleiben oder
nicht zu fassen sein, wir
hatten keinen Plan, nur
die See zu queren im
ewig lecken Kahn, die
Ränder aller Länder
gesäumt von Wächterbäumen,
in deren Kronen
Explosionen blühen.

Sinklied

Kehre wieder, Glanz der Röte,
hilf uns lassen alle Nöte
weit zurück im Widerschein.
Dass wir wieder auf den Zinnen
tanzend siegen wie von Sinnen
und all jene, die uns hassen,
lassen nie gewesen sein.

Zünde Blitze, großer Spieler,
lass die Träume viel zu vieler
länger nicht verborgen sein.
Lass sie glänzen in den Kelchen,
in den Blicken, unter welchen
selbst die allerscheusten Schieler
lassen ihr Vergessensein.

Spiel uns Lieder, hohe Flöte,
dass sich alle Scham verböte
und die Nüchternheiten rinnen
im strahlenden Verlorensein.
Lass uns sinken, bis die Riegel
springen und die letzten Siegel
brechen mit dem Augenschein.

Ich

bin der Haarreif deiner Tochter,
die du nie gezeugt hast,
das Lächeln der Geliebten,
die du nie umarmt hast, ich

bin der Blutfleck auf den Fliesen
den du nie vergessen hast,
das Labyrinth der Wege
die du nie betreten hast, ich

bin das Rot des Fadens,
den du nie gefunden hast,
der Klopfton deiner Sorgen
den du nie entschlüsselt hast, ich

bin das Ende der Geschichte,
die du nie geschrieben hast,
der Schlüssel zu der Türe,
die du nie geöffnet hast, ich

warte auf dich.

Nach Westen

Die Wälder im fernen Westen
schwingen im Wind wie Getreide,
ein Leben lang marschierst du
und kommst nicht näher heran.

Dann über Nacht zwischen Farnen,
Welt der Libellen und Lurche,
sie verschlingt dich, auch wenn du
den fauligen Holzweg nicht mehr verlässt.

Besessen

Spirit

Wie käme ich auch dazu abzustreiten,
dass auch Kreaturen wie wir, wie ich
auch gute Geister auf uns hocken haben,
nicht nur die kaltschnäuzig kaltschwänzigen,
nicht nur die schweflig schwafelnden anderen.

Als mir meiner zum allerersten Mal
auffiel, war er allerdings schon gefallen,
unter allerhand anderen fast verborgen,
sein Strahlen allmählich verfallend,
segnete er mich zum allerletzten Mal.

Ein

Nach der telepathischen Schändung
weinst du ein wenig,
dein Gaumen wund,
die Zunge wie rohe Leber.

Die Erinnerung verblasst schon,
als hätten Schatten dich aufgewühlt,
Schatten in jeder Körperöffnung,
Schatten in allen Poren, Organen.

Es sind keine Schatten, du weißt es,
keine Einbildung in deinen Eingeweiden,
keine Ratten, die deinen Rachen füllten
mit ihrer knurrenden Präsenz.

Danke mir nicht, es ging nie um dich,
ich fing nur dein Stammeln auf,
bildsamer Stoff, aus dem ich
diese Zeilen deiner Heilung formte.

Jagd

Für dich jäte ich das seltene
Brot aus den Furchen der Riesin,
mit schwingenden Brüsten
jagt sie mich, aber sieh doch,
ihr Scheitel spaltet den Himmel,
Vögel Flieger Engel stürzen
auf sie ein, gespickt mit
Flügelspitzen bricht sie in die
Knie, ich eile heim, das seltene
Brot mit dir zu teilen, unsere
liebste lüsterne Leckerei.

Meine Liebe

Dieses Feld gefällt nicht jedem,
manche pflanzen Rosen und
ernten Eselsdisteln,
andere graben nach Rüben
und finden Geröll.

Ich streiche über den welligen Boden,
deine Stirn glättet sich,
von Zorn und Sorgen befreit,
ich lege mich auf dich, und
meine Liebe fließt in dich hinein.

Schon steigt mir aus glühender Tiefe
das ungeheure Rudel entgegen,
schwingende Rüssel, die Augen
Smaragde, die Ohren rosa
geädertes Marmorpapier.

Kniend greife ich hinab,
um eins nach dem andern
am Rüssel hervorzuziehen.
Wie die Rübensucher staunen,
als sie meine Ernte sehen:

Alles voller Babyelefanten, die
mit grünen Augen um sich schauen,
schaukelnd, schwingend und trompetend,
die Verfluchung ist vorüber,
keine Steine, keine Disteln mehr.

Tabaoth

Tabaoth, mein Baum auf Beinen,
geborgen bin ich an der
Borke seiner Brust.

(Tief im Dickicht liegt mein See,
sein schwarzer Glanz raubt
Mond und Wolf den Schlaf.)

Wutwurzel schwellt den rauen Spiegel,
mein Herr, mein Gott, tönt Tabaoth,
mein Ein und Alles: Du!

(An Dorn und Kronen schürfst du
dir die Milchhaut wund, wirfst
Blicke Blitze Sternensplitter.)

Im Gras das weiße Händchen,
Augen weit, das Zittern
deiner Lippen, und Tabaoth,

mein Fels mit Fäusten,
stampft heran
und: rot!

(Den Sängern hängt das Fell
in Fetzen, doch meinen See
erreicht ihr nie.)

Wie es ist

Wenn du ihn verlässt,
kommt er ins Stolpern,
torkelt hinter dir her,
nur ein paar Schritte,
fällt und wird starr.

Jemand ruft dich,
Schreie, Weinen,
in deinen Schmerz gewickelt,
wirst du nie wissen, wie es ist,
tot zu sein.

Aufbewahrt

Dein rechter Arm liegt aufgebahrt auf
schwarzem Samt samt Hand und Fingern,
der Chef ist da, der Bleidieb und der
Schmierian, die ganze Trauerbande.

Der Chef am Smartphone: Komme gleich,
die Orgel schweigt, der Künstler singt:
Wie käsig fahl dein Arm, der Bizeps
schwach, das Handgelenk so schmal.

Du trittst heran, gebrochen und erlöst,
dein Armstumpf leuchtet morgenrot, der
Bleidieb zieht den Ring vom Leichenfinger,
steckt ihn an deine freie heile Hand.

Der Schmierian küsst dir den Stumpf,
du singst und weinst und segnest uns,
den Bleidieb und den Schmierian, den
Chef, den Künstler, sogar mich, das Ich:

Fahr hin, du fahler falscher Arm, du starre
Hand, die uns so lang versklavt hat. Die
Welt dreht sich jetzt richtigrum, denn was
du links nennst, war für uns seit je das Rechte.

Der Schmierian schenkt Sonnenwasser aus, der
Bleidieb schmatzt, sie trinken auf die Freiheit.
Der Künstler seufzt, der Chef drückt auf den Knopf,
der Arm samt Samt und Fingern fährt ins Feuer.

Unter dem toten Titanenbaum

In diesem Tal legen Frauen euch in Eisen,
hängen euch in den Schlot und schüren
Feuer, bis eure Fußfesseln glühen.
Eure Jungs schlitzen die Mütter auf
bis zum Grübchenkinn, die Mädchen
brechen euer mürbes Geschlecht und
verstauen es im Brustetui, achtlos.
Schakale kennt ihr nicht, Hyänen,
Lemuren, nicht einmal Skarabäen.

Von Adlerkot verkrustet kauert der Alte
in der Krone des toten Titanenbaums,
höher als alle, älter, und immer schon zur
Sonnenwende bringt ihr ihm eine Kleine dar.
Er liebkost sie, bis ihr das Blut aus der Mitte
rinnt, doch nur in seinem Traum. Er träumt für euch,
ihr müsst nichts leiden, kein Eisen, kein Feuer,
keinen Schlot. Lachend wandelt ihr mit
euren Familien unter dem toten Titanenbaum.

In den Bergen lauern die Feinde, doch der Alte ist
wachsam, sie wagen sich nicht in den Feuerkreis.
Eure Wächter könnten unbesorgt schlafen,
er hütet auch sie, er bewacht euch alle.
Er träumt euer Leid, so könnt ihr lachen,
er träumt eure Wunden, so bleibt ihr heil,
er träumt euren Zank, so habt ihr Frieden.
Im toten Titanenbaum träumt der Alte,
wehe euch, wenn er erwacht.

Oh ihr giftigen Götter

Ein gewisses Krötensekret,
unterstützt durch Lichterzucken,
löst die Erleuchtungskrämpfe aus.

Metaphysisches Erbeben,
Visionen, Körpersensationen,
bis zu 72 Stunden am Stück.

Engel mit Säbelzähnen,
glutheiße Himmelsschlangen,
in allen deinen Höhlen, Zellen.

Dann Bettruhe mit Tränenfluss,
die Zunge ein Klumpen,
tage-, wochenlang.

Wie gewisse Häuser in Port-au-Prince:
die Person scheinbar unversehrt,
nur in den Grundfesten zerstört.

Feine Risse im Mauerwerk,
knallt ein Fenster zu,
sackt alles zusammen.

Heilung kaum möglich,
nur Abriss und Neubau
im Gedicht.

Glaubst du

Zieht mich aus bis auf die Knochen, lasst mir
nur die Socken an, die mit dem Raubtierlabel,
damit ich besser rennen kann, wenn sie
kommen, wenn sie kommen.

Glaubst du, es war ein Traum,
nur ein Traum?

Hast du hell gelebt, geht es schwebeleicht
hinaus, dafür brauchst du keine Socken, auch
die Knochen lässt du krick-krack zurück.

Aber so wie ich, so wie ich?

Es war ein Blick im wachen Schlaf, ein Blick
nach innen, nicht ins Ich, in Trichtertiefe, in den
Darm der Schöpfung, durch Gottes Arschloch, sein
Schließmuskel weit geöffnet, gut sichtbar, viel zu
strahlend klar, wie gerne hätte ich's nicht gesehen:
die kosmische Kloake.

Ein Traum, nur ein Traum?

Zieht mich aus bis auf die Knochen, reißt mir
auch die Socken runter, die mit dem Raubtierlabel.

Wahrheit über Menschenfresser

Der Menschenfresser liebt das Fleisch
der Kokosnuss mit geraspeltem Kakao.
Dein Hirn schlürft er durch den Dreiecksspalt
in der Schädelschale, den roten Frosch
zieht er zwischen deinen Rippen hervor.
Achtsam rollt er deine Hoden durch den Rachen,
er heiligt seine Feinde, deine Trinitas nimmt er
in sich auf, Besitz ergreifst du von ihm, du
höhlst ihn aus, zernagst ihn von innen, du
bist der Menschenfresser.

Ausgespien

Lyrische Prosa

Abschied

Ihre Gestalten sind gleich, sie laufen Schulter an Schulter, einen halben Schritt in der Länge verschoben, sodass Schulterblatt an Schulterkugel streift. Sie laufen wie Sträflinge im Kreis, wie zwei Kugeln, eine hell, eine schwarz. Der linke, lichtere der Brüder läuft um jenen halben Schritt voraus, dicht folgt der rechte nach, dabei mit der äußeren Schulter, mit dem Ellbogen fast die Fassaden des Glasbläsermarktes berührend. Einen vorspringenden Erker, denn sie weichen nicht aus, oder ein aufschwingendes Tor, denn stur, mit unveränderlichen Schritten, ziehen sie wieder und wieder ihre Bahn.

Sie könnten den Platz überqueren, in dem Café neben der alten Glasbläserei einkehren, aber nein. Sie könnten zur Mulde in der Mitte des Platzes laufen, wo sich zwischen herbstlich verfärbten Buchen der stillgelegte Ziehbrunnen erhebt. Doch nein, sie kreiseln. Sie tragen staubfarbene Herbstmäntel mit tiefen Taschen, in denen ihre Hände vergraben sind. Sie laufen aufwärts, und ihre Köpfe beugen sich, ihre Schultern stemmen sich gegen den Herbstwind, der ihre Haare zaust und manchmal vermischt. Das helle, glatt flatternde des einen und das schwere, vom Wind träger bewegte ackerschwarze Haar.

Ich nehme an, es seien Brüder, vielleicht Zwillinge, doch ich weiß nichts. Sie laufen gegen den Uhrzeigersinn. Auf der ebenen oberen Stirnseite des Glasbläsermarktes richten ihre Gestalten sich auf, und ihre Köpfe tauchen aus den hochgeschlagenen Kragen. Der oberen Platzbiegung folgend, werfen sie ihre Schultern zurück mit jähen, doch gleichmäßigen Gebärden, und der Herbstwind fährt von hinten in ihre Mäntel, die er wie unförmige Ballons bauscht, während die Brüder auf das linke, steil abstürzende Trottoir einbiegen.

Ich presse meine Stirn ans Fenster und kann sie weiterhin sehen. Sie nähern sich von links, fünfzehn Meter unter meinen Füßen. Sie drücken die Hinterköpfe gegen den Wind, sodass die Scheiben ihrer Gesichter zu mir aufzuschauen scheinen. Sie sehen mich nicht, doch ich sehe, dass auch ihre Gesichter, wie ihre Gestalten, ihre Gesten, sich unnatürlich gleichen. Dabei können es keine wirklichen Zwillinge sein. Der Wind schiebt sie unter meinem Fenster vorbei, nach rechts in die Tiefe. Mit flatternden Mänteln, taktmäßig sich berührenden Schultern folgen sie wieder der Biegung, und auf der ebenen unteren Stirnseite des Platzes richten ihre Gestalten sich abermals auf.

Natürlich habe ich gleich nach Erklärungen gesucht, doch vergeblich. Nach Erklärungen dessen, was die beiden dort betreiben, und nach Erklärungen für das Unbehagen, das mich bei ihrem Anblick befällt. Es sind Kinder, vielleicht im Alter von dreizehn, doch ihre Märsche ähneln keinem Spiel. Ihre düsteren Mienen, ihre maschinenhaften Bewegungen. Ihre Schweigsamkeit, dazu ihre Blicke, wenn die Gesichter zu mir aufzuschauen scheinen. Trauer, auch Grauen, ihre Augen wie vier dunkle Murmeln, während ihre Leiber um den Glasbläsermarkt rotieren. Ein Schauspiel, das sich seit beinahe zwei Wochen, jeweils von sieben Uhr früh bis nahe gegen Mittag, tagtäglich wiederholt. Mit immer gleichem Ablauf, immer gleicher Anordnung, der linke, lichtere Bruder um einen halben Schritt voraus. Sie laufen, laufen, bis sie vollkommen erschöpft sind, bis ihre Brust keucht, ihre Schritte schleppend, ihre Bewegungen taumelnd werden, bis ihre Miene sich zu einer Art leeren Lächelns verzerrt. Dann tauchen sie, genau unter meinen Füßen, ins Torhaus ein.

Oder sie könnten ihre Mutter besuchen. Ich nehme an, es seien die Söhne dieser stets grün gekleideten Frau, dabei weiß ich nichts. Immer um sieben Uhr früh treten sie zu dritt aus dem Torhaus unter mir. Die Mutter, oder was sie sein mag, umarmt beide Brüder, gleichzeitig und mit einer seltsam fehlerhaften Gebärde. Die Jungen stehen vor ihr, die um halbe Kopfeslänge höher aufragt. Sie schließt beide in ihre Arme, aber seitlich, sodass die Brüder, anstatt gegen die mütterlichen Schultern zu sinken, frontal gegeneinander gedrückt werden, während die Mutter, oder was sie sein mag, ihre Arme schon sinken lässt, sich abwendet und mit raschen Schritten den Platz überquert. Was sehr wahrscheinlich doch als Geste des Abschieds gedacht ist, erweckt den Eindruck, als stifte die Mutter, hellhaarige Frau von allenfalls dreißig, zwischen den Brüdern allmorgendlich Versöhnung.

Der Weg

Durch den Wald, einsam, die kathedrale Kühle der Buchen, ihr zaghaftes Grün über vorjährigem Herbstlaub: Bräune, nicht einsam, nur gelangweilt, leer, gläsern, ich bin ein Junge, achtzehn, ohne Kraft. Über den Hang, aufwärts, mit raschelnden Schritten, hinter mir, unter mir, der Ruf meines Vaters: Tobias!, nicht antworten, nicht kraftlos, nur ziellos, leer, gläsern, ich bin jung, schon ein Mann und voller Hass.

Mit diesem Stock, der mir scharrend nachschleppt, Laub wirbelnd, über Wurzeln springend, in meiner linken Hand vibrierend, wie er den Boden furcht: ein Teufelsschwanz, nicht antworten, nicht umkehren (To-bi-as!), weiter hangaufwärts, wohin denn, wohin nur, auf diese Frage ist Verlass.

Die Ferien, das Land, schwarz: der Acker, in jenem Sommer von gleißender Schwärze, und in den Furchen die Dohlen, und die Mauer, die Mauer, dahinter der Wald. Seine Stille, sie wispert, sein Grün zaghaft, seine Kühle kathedral. Und dies Gebüsch, auf halber Hanghöhe, rot-weiß blühend: Wildrosen, kreisrund und kopfhoch knorrig, ein Blumen-, ein Dornenturm, mein Unterschlupf vor zehn, vor dreizehn Jahren.

Noch letztes Jahr: Maria, in meinem Turm aus Blumen, Knorrholz, Dornen, und damals: Manolo, der Wilde, den ich aus meinem Unterschlupf vertrieb. Maria war so lieb. Aber ich spürte, spüre keine Liebe, nicht für sie, nicht für ihn, der mich von unten, vom Schloss her, immer noch ruft: Tobias, wohin gehst du, wohin denn, wohin nur, am Kindheitsturm vorbei.

Mein Prinz, mein Prinz, du lebst in diesem Schloss? Und sie war Magd, und sie kam ungefragt, ihre Haut so weiß, ihr Kleid so weiß, ihr Mund so rot, Manolo tot. Der Wilde: schlich immer in meinem Wald, strich immer um mein Schloss herum, mit dunklem Blick:

mein Freund!, er rief: mein Freund!, aber ich spürte, spüre nichts für ihn.

Nicht einsam. Nicht kraftlos. Hangaufwärts, und der Teufelsschwanz vibriert in meiner Hand. Seine dunkle Haut verbrannt, und Marias Haut so weiß, so weich, in meinen Armen, hab Erbarmen, und sie entkamen: Maria, Lia, Pelleria. Manolo nicht. Ein Junge wie aus dunklem Schlamm, ein glatter Stamm, durchflochten, und sein Blick: schwarz wie das Loch, in das ich seinen Körper warf. Ein Tier fast, nur im Wald zu Hause, in meinem Wald, im kathedralen Grün, in meinem Turm, im Blumenturm, und er rief: Freund, aber ich spürte, spüre nichts für ihn, nur Hass, nur darauf ist Verlass.

Mein Prinz! Sie kniete, nackt, mit blondem Haar, das war im letzten Jahr, im Dornenturm, und unten rief mein Vater: Tobias, wohin denn, wohin nur, und ich rief: Leck mich, das galt beiden. Ferien, der Wald, hangaufwärts, mit raschelnden Schritten, bis zur Lichtung, und sie sagen: Da bist du ja endlich, wir dachten schon, du kommst nicht mehr. Der Weg war schwer.

Himmelslippen

Unsere Gottheit war ein großer, leuchtender Kopf, ein riesenhaftes Maul, dessen Hunger nie zu stillen war. Auf den höchsten Erhebungen unseres Landes häuften wir jeweils zur schwärzesten Nacht Opferhügel auf, wobei zur Opferung nur sehr junge, schöne und gesunde Menschen in Frage kamen. Neben den Opferhügeln zündeten wir große Feuer an und feierten ein mehrere Tage und Nächte währendes Fest der Beschwörung.

Endlich stürzte die Gottheit zwischen den Wolken hervor, sie sah grauenhaft mager aus, bleich und verhärmt, und wir krümmten uns im Bewusstsein unserer Schuld und im Bann einer niederdrückenden Angst, dass die Gottheit unser Opfer diesmal verschmähen könnte. Dabei hatten wir wie immer nur die prangendsten Körper ausgewählt, untadeliges Fleisch glänzte hoch aufgeschichtet im fahlen Licht der Gottheit, die Trommeln der Priester bummerten und dieses Bummern bedeutete: »Schaut nicht hin, sinkt allesamt sofort in Schlaf.« Denn unsere Gottheit war sehr schamhaft, sie konnte es nicht vertragen, dass man zusah, wie sie die Opfer verschlang.

Während wir alle unter freiem Himmel schliefen, stürzte sich *irgendetwas* auf die angehäuften Körper, wir nahmen an, es sei die Gottheit, und seltsamer Lärm drang bis in unsere Träume. Knurren, Geheul, dazu behagliches Schmatzen und das eigenartige Geräusch zerknackender Knochen. Wenn wir am folgenden Morgen erwachten, waren die Opferberge regelmäßig geplündert, alles war blutbespritzt, Fleischfetzen klebten, halb zernagt, an den Felsen, offenbar hatte die Gottheit wieder furchtbar über den Opferbergen gewütet.

Von da an wandelte sich der Charakter des Beschwörungsfestes, die Opferzeremonie ging in Freudenfeiern über, die ihre Höhepunkte immer abends erreichten, wenn die Gottheit aus den Wolken tauchte, jedes Mal ein wenig praller als tags zuvor. »Sie hat gegessen! Sie hat gegessen!«, jubelten wir, auch in den folgenden Nächten machte sich die

Wesenheit über die Opferhügel her, sie mästete sich mit schwellenden Leibern, bis sie endlich als feiste, beinahe rülpsende Kugel schwer im Himmel hing.

»Jetzt können wir beruhigt nach Hause gehen«, riefen wir und wandten uns unseren Belangen zu, jagten Tiere und feindliche Stämme, deren Fleisch wir knurrend und heulend verspeisten, aber währenddessen begann die Gottheit wieder abzumagern und immer so weiter.

Von der Gottheit zu träumen galt als Auszeichnung, man träumte von diesem großen leuchtenden Kopf, von dem gierigen Riesenmaul, das sich die Himmelslippen leckte, morgens beim Frühstücksfeuer erzählte man seinen Traum, worauf die anderen nickten: »Dich frisst er nächstes Mal.«

Entrümpler

Frühmorgens rückten die Entrümpler an, um den Dachspeicher besenrein zu leeren. Wie sich herausstellte, hatte man übersehen, dass zwischen all dem Trödel, der Flure und Mansarden füllte, ein lebendiger Mieter hauste, Johannes Schindelberg. Dieser vergessene Mieter beobachtete, wie die Entrümpler in die erste Dachkammer eindrangen, wo sie mit stählernen Stangen einen schmutzigweißen, fürchterlich aufschreienden Klavierflügel in Stücke schlugen. Anstatt auf irgendwelche Rechte zu pochen, packte Johannes seine Koffer und floh aus der benachbarten Mansarde, während im dämmrigen Treppenschacht schon die Zimmerleute mit ihren Äxten und Sägen ihm entgegenstiegen.

Wie sonderbar, dachte Schindelberg, nach all den Jahren. Fieberfarbenes Laub rieselte auf seine Locken und Schultern, da er in einen Park geraten war, zwischen uralte Buchenbäume. Fünfundzwanzig Jahre lang hatte er alle Spuren hinter sich verwischt, aber dann diese wütenden Entrümpler und der Aufschrei des geschundenen Klaviers. Vor einer mächtigen, in doppelter Mannshöhe ausgehöhlten Buche blieb er stehen. Als er dicht vor den Stamm trat und probeweise seine Faust zur Höhle hochreckte, ertönte irgendwo in der Tiefe des Baums ein matter, gleich wieder abbrechender Schrei. Wie furchtbar Schindelberg da erschrak.

Und wie seltsam, dass er auf einmal seine Einsamkeit spürte, nicht wie ein Gewicht, eher wie eine ballonhaft aufblähende Leere, sodass er seine Fäuste in die Manteltaschen stopfte, um massiger zu sein. Seit fünfundzwanzig Jahren auf der Flucht, mit keinem mehr vertraut, ein verschwiegenes, vermiedenes Leben. Und dann plötzlich dieses Gefühl von Verlorenheit, zumal der Schrei des schmutzigweißen Klaviers in seinem Kopf nicht verhallen wollte. Diese Rümpler, dachte Johannes probeweise, vielleicht gedungene Häscher, und die Männer auf der Treppe, allesamt Killer mit Zimmermannshüten.

Hotel ganie

hotel ganie: Das Schild sehen, die Tür aufdrücken war eins. Neonblauer Nervenreiz verwackelnder Orthografie. Mit der Faust schlug er auf den Tresen. Endlich kam der Portier aus seinem Verschlag unter der Treppe hervor. Streckte sich, dass die Jacke klaffte, zerrte das Meldebuch am Eselsohr hinter sich her. Kniehohe Lederschwarte, und doch musste er lange blättern, bis er eine freie Seite fand.

Es war tief in der Nacht. Ohne nachzudenken, trug er sich unter seinem wahren Namen ein: Julian D. Der Portier schob ihm den Schlüssel zu: Zimmer 727, kein Lift. Schielte aus alterstrüben Augen an ihm vorbei, zur Straßentür, wo die Lettern hinter Milchglas zuckten, gletscherblau.

Genie bin ich ganie. Lächelnd machte sich Julian an den Aufstieg. Schmale Stiegen, singend bei jedem Schritt. Auf Plattformen zweigten Gänge ab, sternförmig, von Schlaf erfüllt. Mein siebenundzwanzigster Geburtstag. Was will ich hier? Durst spürte er, nach Wein, Berührung, nicht nach der Schwärze des Schlafs. Zimmer ansehen, dachte er, rasch unter die Dusche, dann wieder raus in die Stadt.

Ans Fenster treten, zurückweichen. Siebter Stock? Schweiß brach ihm aus. Winzige Lichtpunkte, in der Tiefe perlend. Als stünde er auf einer Schroffe und spähte ins Tal. Sein Kopf in Nebel. Knieweich ging er zum Bett, sackte darauf. So hoch gestiegen bin ich ganie. Knöpfte Hemd, Hose auf, streifte alles ab, gedankenlos. Auf dem Nachttisch lag der Zimmerschlüssel. Klobiger Hohlrumpf, Eisenbart. Im Scheitel die blecherne Fahne: 727. Was bewies das?

Nackt ging Julian zur Tür und zog sie auf. Draußen der Gang im Düstern, am Türblatt die schwarzen Zahlen, ein wenig verrutscht: 727. Und es bewies nichts. Er riegelte sich ein. Ging durchs Zimmer, noch immer schwindlig, zog die hintere Tür auf und trat ein. Das Bad, was sonst. Noch während er nach dem Schalter suchte, fiel in seinem Rücken die Tür zu. Dunkelheit. Mit beiden Händen tastete er über die Wand, und seltsam, da war keine Wand, nur Leibung neben Leibung. Sieben Türen zählte er, im Dunkeln tappend, tastend, fand endlich einen Schalter, altertümlicher Buckel, und drehte ihn.

Ein runder Raum, die Wände durchlöchert, Tür an Tür. Wie warm es hier war. Heiß und feucht. In der Mitte des Kreises eine Säule, vom Boden bis zur Decke, ungewiss erleuchtet, beschlagenes Glas. Julian ging einmal um die Säule herum, auf glitschigen Fliesen, mit den Fingerspitzen nach Tropfen tupfend, die im Innern der Säule rannen. Hier und da hatten Hände, Arme den Dunst vom Glas gewischt.

Er spähte hinein. Die Säule leer. Sein Herz begann hämmernd zu schlagen. Und seltsam: Erst als er in der Säule stand, das Wasser auf ihn niederrauschte, fiel ihm der Schriftzug auf. Klobige Lettern, halb hinter Dunst verborgen, von außen aufgemalt. Mit der Schulter rieb er die Stelle frei. *einag dab:* spiegelfalsch und aderblau.

Den Strahl abstellen, aus der Säule treten. Wasser lief ihm aus den Haaren, über Rücken und Brust. Schon stand er in einer Pfütze. Bad ganie? Kein Wunder, dass es hier nicht mal ein Handtuch gab. Aber im Zimmer, dachte er, an den Schrank sich erinnernd, im Fenstereck. Das Fenster. Sofort wieder Schwindelgefühl. Die Höhe, niederziehend. Da ging er schon auf die Tür zu, die seine schwarzen Zahlen trug, glänzend vor Nässe und eine Sieben zu wenig.

27 Tropfen rannen ihm den Bauch, die Beine hinab. Er drückte die Klinke herunter und schob die Tür auf: schwarz. Hatte doch Licht gelassen? Da ging auch hinter ihm das Licht aus. Dunkelheit, murmelnd und glucksend. Er spürte einen Hauch, auf seinem Rücken, machte einen Schritt nach vorn und trat ins Leere. Julian fiel. Über ihm ging die Tür zu. Er stürzte ins Finstere, zählte drei – vier – sieben und schlug hart auf Holzboden auf.

Im Dunkel kauern, auf Händen und Knien. Tierhaft, dachte er, witternd in die Nacht. Und da war nichts, kein Licht, nur umschließende Schwärze. Kein Laut, nur das Rauschen seines Bluts. Auch keine Empfindung, doch: Schmerz in seinem linken Knie. Er tastete darüber. Wie nass seine Haut war: Wasser, Blut? Im Dunkel kriegst du's nie raus. Das nicht und dich nicht.

Julian stand auf. Jetzt erst spürte er die Weite des Raums, der ihn umgab. Parkett unter seinen Füßen, schrundig, abgeschabt. Ein Tanzboden, dachte er, ein Bankettsaal. Was, wenn auf einmal Licht angeht? Kindertraum. Mit dem linken Fuß fuhr er prüfend nach vorn, zur Seite. Keine Stiegen, Stufen. Dann los. Tappend voran, nur raus hier. Humpelnd, sein linkes Knie ein Knorpelherz, die Füße patschend auf Parkett. Immer noch rannen ihm Tropfen aus den Haaren, über Rücken und Brust.

Im Gehen streckte er die Arme vor, waagrecht in die Dunkelheit. Die verwackelnde Schrift fiel ihm ein, *ganie*. Und sah auf einmal einen Schimmer, weit weg, ein fahles Blau. Darauf humpelte er zu. Immer rascher, immer hastiger, Herzrasen im Knie. Die schwarze Weite ringsum. Kein Laut, nur sein Keuchen, das Plitsch-platsch seiner Füße auf zerschabtem Holz. Bin von schlanker Gestalt und spüre es wie nie: das Tanzen meines Fleischs.

In der Ferne der Lichtfleck, mit jedem Schritt heller. Lange Zeit formlos, jetzt schon ein Zickzack, von massivem Schwarz gerahmt. Endlich war er dort. Seine Augen erkannten schneller, als sein Geist ahnte. Er drückte sich mit dem Bauch gegen das Bord. Stützte die Hände darauf und lehnte die Stirn ans Glas. Wieder ein Fenster, in maßloser Höhe. Winzig glitzernd dort unten die Punkte aus Licht. Er schloss die Augen. Fuhr sich mit der Hand über Brust und Schulter, flüchtiger Trost. Öffnete die Augen wieder und las den Schriftzug, der vor ihm über das Fenster lief: *sal ganie.* Gekrakel, gletscherblau.

Ein Schauer rann Julian den Rücken hinab. Was ist das hier? Er wollte nachdenken, aber es ging nicht. Las gar nie. Die Wörter murmelten auf ihn ein. Lass dich nie. Lange starrte er auf den Schriftzug. Riss sich endlich los und humpelte weiter, zurück in die Dunkelheit. Immer die Mauer entlang, mit der Linken darüber fahrend. Grober Kalkbewurf. Irgendwann, irgendwo muss diese Wand enden. Warte nur.

Er fröstelte, dabei war es stickig warm. Ein Traum, dachte er und wusste, es war kein Traum. In seinem Knie der jagende Schmerz. In seinem Kopf das Murmeln von Wörtern, die es gar nicht gab. Lass ganie. Aber wie kann es sein? Eine Tür, viele Schritte über dem Boden? Die dich ausspeit, aus jenem Bad, wie Wasser aus dem Ausguss läuft? Und ich bin nackt, ganz nackt, mit siebenundzwanzig Jahren.

Wieder blieb er stehen, im Finstern, seitlich an die Wand gelehnt. Muss mich besinnen, dachte er. Das Schild, *ganie*, was war davor? Was danach? Aber wie sich erinnern, in solcher Dunkelheit? Eine Bar, für einen Lidschlag sah er sie vor sich: Dämmerlicht, ein lachender Mund vor seinen Lippen, kussnah. Und dann? Alles verschwamm. Mit der Rechten fuhr er sich über die Brust, bis zum Hals hinauf. Das Hotel: wieso bin ich hinein? Und meinen wahren Namen habe ich genannt: warum? Fing damit alles an? Oder hört es so auf?

Auf einmal hätte er weinen mögen. Hast dich gezeigt. Und bist nun für immer so: ein nackter Narr. Wieder setzte er sich in Bewegung. Das Pulsen in seinem Knie. Das leise Zittern seines Fleischs. Ein Brennen im Hals. Und er entzifferte: Angst. Aber was beweist es? Gar nichts. Hatte es kaum gedacht, da griff seine Linke ins Leere. Ein Loch in der Wand, hölzerne Leibung. Er tastete hinein, fand das Türblatt, eine Klinke. Drückte sie herunter und die Tür glitt auf.

Ein schmaler Raum, in bläuliches Licht getaucht, so grell, dass er die Augen zusammenkniff. Für einen langen Moment sah Julian nur Kreise aus Licht. In seinem Rücken ein Luftzug, doch er nahm ihn kaum wahr. Ein Atelier, dachte er, aber wie karg und schmal. An der Stirnwand ein schwarzer Sessel, schräg davor eine Staffelei. Fenstergroß darauf das Gemälde, glänzend vor Feuchtigkeit.

Die Farben spiegelten im Licht. Da trat Julian ein, gedankenlos. In seinem Rücken ging die Tür zu. Er fuhr herum und vor ihm stand eine Gestalt in blauem Kapuzenmantel. »Das Modell?« Heiser klang die Stimme, als ob der Maler selten spräche. Und singend, als wäre jeder Satz für ihn eine Frage. »Na, wurde auch Zeit?« Er hielt den Kopf gesenkt, sein Gesicht nicht zu sehen. Aber Julian spürte die Augen, die unter der Kapuze nach ihm spähten. »Dorthin?« Der Maler deutete hinter ihn. War mit zwei Schritten bei ihm, so nah, dass Julian den Geruch seiner Kutte atmete. »In den Sessel?«

Julian wich zurück. Zwängte sich an der Staffelei vorbei, machte einen weiteren Schritt, bis seine Kniekehlen an die Sesselkante stießen. Der Maler war ihm gefolgt, legte eine Hand auf Julians Brust und drückte ihn in den Sitz. Kalt war das schwarze Leder, aber er blieb liegen wie vom Maler hingeworfen. Den Oberkörper zurückgelehnt, die Beine ausgestreckt. Die Arme beiderseits des Kopfes erhoben. Der Maler trat vor die Staffelei. Noch immer hatte Julian sein Gesicht nicht gesehen. Noch immer wusste er nicht, was auf dem Gemälde war. Von hinten sah es nichtssagend aus: Leinwand, nachlässig gerahmt.

Der Maler kam um die Staffelei herum, in der Rechten einen großen Pinsel. Farbe tränte vom Pinselkopf, leuchtendes Rot. Mit einem Schritt war er bei ihm, beugte sich über ihn, setzte den Pinsel an. Julian sah funkelnde Augen unter der Kapuze. Öffnete den Mund, schloss ihn wieder und die Augen gleich mit. Spürte, wie sich der Pinsel auf seine Kehle drückte, samthart und nass. »Gleich vorbei?« Der Pinsel fuhr abwärts, mit schmatzendem Laut. Julian fühlte, wie die rote Spur auf ihm wuchs. Kalt seine Brust hinunter. Nass über den Nabel. Klamm ins Schamhaar hinab. *bad ganie.* Die Wörter in seinem Kopf murmelten. *gierna lass. las ich nie.*

Die Augen wieder öffnen: allein im Atelier. Und seltsam erfrischt, als hätte er lange geschlafen. Er stand vom Sessel auf, der Farbstreif spannte sich auf seiner Haut. Von der Kehle bis zum Glied. Mit dem Finger fuhr er darüber: ein Wulst, daumendick und gummizäh. Er zwängte sich an der Staffelei vorbei. Sah endlich das Bild und Schwindel packte ihn. Roter Wulst, lotrecht. Darunter der Schriftzug: *ganie tur,* scheinvertraut und aderblau.

Die Tür aufziehen, erstarren: gleißender Saal, Menschen überall. Fräcke und Roben, ein Gackern und Keckern. Julian sah lachende, sprechende Münder, die Gesichter darüber verschattet von Hüten, Strähnen, Mähnen. Er machte einen Schritt in den Saal. Hinter ihm ging die Tür zu, klack. Und ich bin nackt. Er drückte sich an die Wand. Wie groß dieser Saal ist, wie hell. In der Ferne sah er die Tür, hoch oben unter der Decke. Dort wurde ich ausgespien, dort muss ich wieder hin. Das Näseln eines Saxofons, leise, wie im Selbstgespräch.

Ein weiterer Schritt. Der Wulst spannte seine Haut. *ganie tur.* Vor ihm die Menschenmenge. Muss mich hindurchdrängen, mit bloßem Balg durch das Gezähn aus Händen, Hüften. Nah bei ihm stand eine schlanke Frau, in aderblauem Kleid. Er starrte auf ihren Rücken, da wandte sie sich um zu ihm. Schwarze Locken, lächelnder Mund, die Augen im Schatten. Das Seufzen des Saxofons. Schon war sie bei ihm, fasste ihn bei den Händen.

Julian begann sich mit ihr, dem Saal im Tanz zu drehen. Wie eng sie sich an ihn presste. *aneig rut.* Er atmete den Duft ihres Haars. Fühlte ihre Brüste an seinen Rippen und den roten Wulst zwischen ihnen, wie ein Grenzbaum so starr. Ihre Hände auf seinem Rücken. Ihr Kleidstoff, reibend an seinem Bauch. Wie sie dahinglitten, im Blitzen der Lüster, im Samt des Saxofons. Das Pochen in seinem Knie: als säße ein Frosch drin, pumpend. Die vibrierende Gier seines Glieds. *lass ganie.* Wie es ihm den Wulst des Malers in die Kehle stieß.

Mein Geburtstag, heut Nacht. Julian umklammerte den Leib der Schlanken, und seltsam: Wie sie auch schlingerten, in der Menge sich schlängelten, stets behielt er den fernen Fleck im Blick. Die Tür unter der Decke, die mich ausgespien. Dort muss ich wieder hin.

Herantanzen, verharren: tief unter der Tür, den Hals zurückgebogen, so weit der Wulst ihn ließ. Drei Schritte, schätzte Julian, höchstens vier. Aber zu hoch, viel zu hoch. Das Näseln des Saxofons, höhnisch, wie ihm schien. Und doch, es beweist gar nichts. Noch immer hielt ihn die Schlanke fest. Ihre Hände auf seinem Rücken, den Kopf an seiner Brust. Noch hatte er ihr Gesicht nicht gesehen, aber warte nur.

Im Ring ihrer Arme schob er sich aufwärts, gedankenlos. Stützte die Hände auf ihre Schultern, klemmte die Knie um ihren Rumpf und zog sich hoch. Die Schöne stöhnte. Schrei des Saxofons. Julian, auf blauen Schultern kniend. Wäre fast vornüber gesunken, doch der Wulst zwang ihn empor. Eine Hand auf ihrem Scheitel, so stand er auf, in schaukelndem Triumph.

Vor ihm die Tür, in Augenhöhe. Winseln des Saxofons. Julian streckte die Hand aus. Die Schlanke wankte. *lass ganie.* Er griff nach der Klinke, da gaben unter ihm die Schultern nach. Wieder fiel er, diesmal weich. Kam auf der Blauen zu liegen, rücklings unter den Wulst gestreckt. Trauben von Köpfen, die sich über ihn beugten. Ihre Gesichter hinter Krempen, Mähnen, Strähnen. Unter ihm regte sich die Frau. Julian spürte ihre Brüste in seinem Rücken, ihren Atem im Genick. Er wollte sich aufrichten, doch die Frau legte die Arme um seine Mitte und hielt ihn fest.

Die Menge wich auseinander: Ein Alter schlurfte heran. Doch schon mal gesehen? Hagere Gestalt, verschlissene Uniform. Zerrte am Eselsohr die Lederschwarte hinter sich her. Und da fiel es Julian ein: *hotel ganie,* neonblau. Neben ihm ging der Portier in die Knie. Klappte sein Meldebuch auf und gleich wieder zu. *lass ganie.* Mit der Rechten packte er nach dem Wulst auf Julians Brust. *aneig rut.* Zwängte die Finger darunter, dass sich der rote Strunk zum Griff aufbog. So zog er ihn hoch, und der Wulst riss an Julians Glied und stieß hinauf in seinen Hals, dass es ihm den Atem nahm.

Im Laufschritt durch den Saal, hinter dem zerrenden Alten her. Gasse der Gaffer: funkelnde Augen, hohngespitzte Mäuler, gesichtslos. Hände, die nach ihm haschten, wankende Wände aus Schenkelfleisch. Das Plitsch-platsch seiner Füße auf Parkett. Blut, das aus Julians Brust rann, wo die blauadrige Hand den Wulst losgerissen hatte. Und in seinem Knie das Froschherz: pumpend mit letzter Kraft.

Eine Tür, schmal, schwarz. Vorhin doch nicht gesehen? Schluchzen des Saxofons. Mit der Faust schlug der Alte gegen das Blatt und die Tür sprang auf.

Über die Schwelle stolpern, mitgerissen vom Portier: runder Raum, Dämmerlicht. Hinter ihnen fiel die Tür zu, mit saugendem Laut.

Stille, dann das Krächzen des Alten: »Der Taucher?« Zwei Dutzend Augenpaare, auf Julian gerichtet, mehr. Die Greisenhand gab ihn frei, und er zählte: drei-, fünf-, sechsundzwanzig, aus. Im Halbkreis standen sie um ein rundes Bodenloch. Alle in blaue Kittel, Masken gehüllt. Nur die Augen frei. Chirurgenblau?

Der Portier gab ihm einen Stoß. Julian taumelte in den Raum, Herzpoltern im Knie. »Der Taucher?« Er wiederholte die Frage, mit fremdem Ton. Und dann, ohne nachzudenken, in die blau vermummten Gesichter: »Ja.«

Da stand er schon am Loch. Jetzt erst sah er hinein. Und wollte schreien: Was ist das hier? Ein Schacht voll Nacht und Bracke. Wie tief, wie tief? Schwindel, schlimmer als je. Er wollte zurück, doch der Portier hielt ihn bei den Achseln fest. »Der Ausguss?« Die Stimme des Alten, von hinten an seinem Ohr. »Mach ihn frei?«

Er sah hinab, wie aus größter Höhe. Gestank stieg von der Bracke auf, zersetzungssüß. Brocken trieben darin, klobig, aderfahl. Der Alte dicht hinter ihm. Julian spürte seine Hand unter der Achsel, seinen Atem am Schulterblatt. Und dann den Stoß. Fiel über den Rand, Bracke umfing ihn, schwarz.

Kam noch einmal hoch, wollte sich anklammern, die Schachtwand wie Schmiere. Schwarze Tropfen spritzten aus seinem Haar. Sein Keuchen. Mit beiden Händen riss er am Wulst des Malers: umsonst. Der Alte hob einen Fuß.

Schwärze. Wie er tauchte. Lotrecht hinab. Die Brocken in der Bracke. Ihre weiche Berührung. Der Geruch, überall in ihm, Müdigkeit.

Der Ausguss: steilwandiger Trichter, am Grund der Klumpen, plumper Pfropf. Der den Schacht verstopft. Schrie es in ihm, noch einmal: Ist das hier? *lass ganie.* Wollte den Klumpen packen, fuhren seine Arme bis zu den Achseln in Schleim. Traumflauen Schaum. Und hindurch, ganie meerblau.

Zwillingsschleuse

Wer Sie auch sein mögen, Hafenamt oder Kanalbehörde, bitte bestätigen Sie zunächst meine Meldung. Denn ich nehme doch an, dass irgendwer diese Zeilen von Amts wegen empfängt.

Da es offenbar sinnlos wäre, wenn diese Worte, die ich hier unten am Schaltpult, oder was es sein mag, in die Tastatur eintippe, lediglich auf den drei Bildschirmen schräg über meinem Kopf wiederholt würden.

Zwar in nervös flimmerndem Giftgrün und auf plan in die Kuppelwand eingesenkten fensterförmigen Monitoren, doch ohne dass irgendwer außer mir meinen Hilferuf empfinge.

Während dieser fragil wirkende pilzförmige Schleusenwärterturm in einem ungeheuren heulenden Sturm auf der Staumauer zwischen den Schleusenbecken schwankt und während die von links anbrandenden Wellen das draußen verspiegelte Bauwerk mit langen weißgrünen Gespensterarmen winselnd umschlingen.

Ich warte, Schleusenamt oder was Sie sein mögen, bitte antworten Sie.

Zumal ich auch die Taste links unten mit der Aufschrift *Repl* angetippt habe, nach meiner Vermutung ein Kürzel für *Replik.*

Allerdings kann ich auch durch wiederholtes Antippen der grauen Taste *Repl* keine erkennbare Wirkung auf all diese fantastischen rätselhaften Geräte erzielen, die weiterhin surren und schnarren und mit regenbogenfarbenen Lämpchen blinken, so unverständlich wie verständnislos.

Ebenso wenig durch Antippen der grauen Taste *Answ*, und indem ich die rote Taste *Antw* niederdrücke, erlöschen alle Bilder auf allen Bildschirmen und alle bisher eingetippten Wörter auf allen Monitoren. Erlöschen auch jene fensterförmigen Bildschirme, die ich bisher für gewöhnlich durchscheinende, obwohl mattfarben getönte Fenster hielt, während umgekehrt mehrere mattfarbene gläserne Flächen, die ich bisher für gewöhnlich flimmernde Monitore hielt, keineswegs erloschen sind, als ob es Fenster wären.

Sodass ich von vorn beginnen muss, Leser, wer Sie auch sein mögen, dies ist ein Notruf, bitte antworten Sie.

Nachdem ich selbstverständlich mehrmals versucht habe, auf herkömmlicheren Wegen mit Ihrer Stelle in Verbindung zu treten, mit Hilfe der plumpen, überraschend altmodischen schwarzen Kästen, Morsefunk und Telefon.

Diese Apparate setzen einen schrill girrenden Matrixdrucker in Gang, der klarschriftlich alle Morsezeichen und hörfehlerfrei alle in die Sprechmuschel gesprochenen Wörter ausdruckt.

Allerdings nur die Morsezeichen, die ich selber zu funken versuche, und immer nur die Wörter, die ich selber in die Sprechmuschel spreche, nicht etwa eine rasche fernschriftliche Replik Ihrer Behörde, wie ich doch jedes Mal von Neuem hoffe.

Denn dies ist ein Notruf, Leser, bitte antworten Sie.

Obwohl ich möglicherweise zunächst einen Code eintippen müsste, ein Passwort oder was auch immer.

Indem ich die braune Taste *Rea* presse, bauen sich die Bilder und die Wörter in den Flimmerfenstern wieder auf.

Mein Name ist Schindelberg, und wie Sie zweifellos längst bemerkt haben, bin ich keineswegs der diensttuende Schleusenwärter.

Vielmehr glaubte ich, diese Zwillingsschleuse sei vor vielen Jahren außer Betrieb gesetzt worden, und ich nahm an, dass auch dieser Turm näher besehen sich als durchnässte Ruine aus Scherben und zerbogenem Stahlgestänge erwiese.

Wer Sie auch sein mögen, Leser, bitte verzeihen Sie, dass ich in diesen Turm eingedrungen bin, der mich seit langem fasziniert.

Wie auch das doch offenbar verrottete Mauerwerk und teils schon durchrostete stählerne Gestänge der Schleuse insgesamt, in deren Staukammern ich in Angstträumen schon häufig umgekommen bin.

Ertrunken oder zerschmettert.

Ertrunken, indem ich vom schmalen bröckligen Damm in die jeweils schwappend gefüllte Staukammer stürzte, oder zerschmettert, indem ich vom dünnen schlüpfrigen First dreißig Meter tief in die jeweils bis zum schlammigen Grund entleerte Kammer fiel. Doch was ich in diesem gläsernen Turm vorfinden würde, hat kein Traum mir jemals prophezeit.

Es war einfach so, dass schließlich die Neugierde siegte. Denn seit dem Frühsommer, als ich schlendernd die alte Schleuse zufällig entdeckte, bin ich an jedem freien Tag hier heraus gefahren, allein und heimlich, als müsste ich eine beschämende Leidenschaft verbergen.

Und zwar verbergen vor wem denn, Leser, da ich allein stehend, sitzend und liegend bin, ein hagerer möblierter Herr oder schwarzgelockter Nachtportier im Alter von Anfang dreißig. Der seither an seinen freien Tagen schon frühmorgens gen Osten hastet, über dämmrige Plätze, durch schlafende Sträßchen, bis endlich die Stadt hinter seinem Rücken zurückbleibt.

Nachdem er zwanzig Minuten vorher bequeme Kleidung übergestreift hat, aschfarbene Hose und nebelfarbenen Wollpullover, während er im Mahagonisarg seiner nächtlichen Rezeption immer schwarzen frackähnlichen Anzug trägt.

Und nachdem er mehr als zwanzig Jahre vorher unter fünfunddreißig verschiedenen Modellen, die an stählernen Galgen schwankten, ein rostfarbenes, sonderbar grobkörnig lackiertes Tourenrad gewählt hat, eine massive, dabei leichtgängige Kettenmaschine, die noch genau wie am ersten Tag aussieht, rostfarben, schrundig und anscheinend schrottreif.

Mit Hilfe dieses Tourenrades kam Johannes auch heute früh gut voran, obwohl der Ostwind ihm nässende Nebelfetzen ins Gesicht blies. Johannes *sang*, und die zerrissenen Melodien flogen, von Nebelfetzen umwickelt, über seine Schultern zurück in die Stadt. Er fühlte sich verjüngt, ein im Herbstnebel radelnder Knabe im Alter von allenfalls fünfzehn, und da er vor einigen Monaten dem Tabakrauchen abgeschworen hatte, bewältigte er selbst scharfe Wegsteigungen ohne merkliches Keuchen.

Während aus den brachen grabschwarzen Feldern ringsum und aus niederem anklebendem Buschwerk die Nebelkrähen krächzend stoben, gefolgt von Dohlen, Raben, dunklen, körperplumpen Vögeln aller Art.

Denn dies ist ein Notruf, Leser, bitte antworten Sie.

Indem ich, wie versehentlich eben, die lila Taste *Rep* antippe, wird anscheinend eine ältere meiner Zeilen auf allen Monitoren wiederholt.

Ohne dass sich voraussehen ließe, *welche* meiner Zeilen oder Wörterblöcke, denn die Wiederholung wird offenbar vom Zufall generiert.

Mein Name ist Johannes Schindelberg, und wie Sie zweifellos längst bemerkt haben, bin ich keineswegs der diensttuende Schleusenwärter.

Sodass dieser fragil wirkende pilzförmige Schleusenwärterturm in einem ungeheuren heulenden Sturm auf der Staumauer zwischen den Schleusenbecken schwankt, während die von links anbrandenden Wellen das draußen verspiegelte Bauwerk mit langen weißgrünen Gespensterarmen winselnd umschlingen.

Ertrunken, indem ich vom schmalen bröckligen Damm in die jeweils schwappend gefüllte Staukammer stürzte, oder zerschmettert, indem ich vom dünnen schlüpfrigen First dreißig Meter tief in die jeweils bis zum schlammigen Grund entleerte Kammer fiel.

Obwohl aus den brachen grabschwarzen Feldern ringsum und aus niederem anklebendem Buschwerk die Nebelkrähen krächzend stoben, gefolgt von Dohlen, Raben, dunklen, körperplumpen Vögeln aller Art.

Während Sie, Leser, zweifellos über präzise Zahlen verfügen, musste sich Johannes mit Schätzungen begnügen, die er je nach Stimmung oder Witterung immer wieder korrigierte. Eine hartnäckige Zuneigung zu bestimmten Ziffern und Zahlenreihen verband er mit verächtlicher Ablehnung aller mathematischen Abstraktionen, und so nahm er an, dass die Zwillingsschleuse von Tor zu Tor nicht weniger als einhundertachtzig Meter maß.

Während er die Breite von Kai zu Kai mit der *Hälfte* ansetzte, die Tiefe der Staukammern mit einem *Sechstel* der Länge von Tor zu Tor, oder vom *Oberhaupt* bis zum *Unterhaupt* dieser außerordentlich verrotteten Zwillingsschleuse.

Sodass er, ob am Brückengeländer über dem unteren oder dem oberen Tor der linken oder der rechten Staukammer lehnend, vom Schleusenwärterturm immer um mindestens neunzig Meter abgerückt blieb. Zumal die Schleuse von den stark bewaldeten, jetzt im Herbst fieberfarbenen Kaiseiten her unzugänglich ist, gesichert durch ein Gewirr aus Dornbusch, rostigem Stacheldraht und lohendrot blühenden Disteln.

Auch heute früh lehnte Johannes am Brückengeländer über dem Unterhaupt, neben seinem rostfarbenen Fahrrad, und seine Blicke tasteten sich über den schmalen Mauerfirst zwischen den Staukammern, einem schwappend gefüllten Schacht links und rechts dem ansaugend leeren Abgrund.

Dieses dünne steinerne Band verlor sich schon nach wenigen Metern im Nebel, der dick und dampfend über der Schleuse lag. Vom Schleusenwärterturm war absolut nichts zu sehen, weder der stämmige stählerne Schaft noch der kuppelförmig hochschwellende gläserne Aufbau. Doch Johannes blieb auf der Brücke über dem Unterhaupt stehen und starrte gegen den Nebel, der allmählich löchrig wurde.

Hinter einem jählings aufreißenden länglichen Loch in der Nebelwand erschien der Turm, dessen gläserne Kuppel sich im gleichen Moment feuerrot einfärbte, da die Morgensonne durch rasch gebohrte schräge Nebelschächte ihre Strahlenfinger schob. Die Lichtfingerspuren im Nebel, der jählings aufflammende Turm, zusammen ein Bild, das Johannes begeisterte, sodass er eine so leichtfertige wie folgenreiche Entscheidung traf.

Dies, Leser, ist ein Notruf, bitte antworten Sie. Zumal ich auch noch die graue Taste *Resp* presse, nach meiner Vermutung ein Kürzel für *Response*. Allerdings kann ich auch durch wiederholtes Pressen der grauen Taste *Resp* keine erkennbare Wirkung auf all diese rätselhaften Geräte erzielen, die weiterhin surren und schnarren und mit regenbogenfarbenen Lämpchen blinken, so unverständlich wie verständnislos.

Die Mauer zwischen den Schleusenbecken ist äußerstenfalls fünfundsiebzig Zentimeter breit, und da sie sich oben sogar noch ein wenig verjüngt, bleibt auf dem überdies glitschigen First kaum genügend Raum für zwei nebeneinander stehende Füße. Andererseits wüsste ich nicht, wie sonst die früheren Schleusenwärter ihren Arbeitsplatz erreicht hätten, zweifellos sind sie zu Fuß über den Mauerfirst zwischen den Staukammern gelaufen.

Erst nach beiläufig neunzig Metern verbreitert sich dieser Damm zu einem kreisförmigen Platz mit einem Durchmesser von ungefähr dreieinhalb Metern, der als Fundament des Schleusenwärterturmes dient, und hinter dem Turm verengt sich der Damm abermals auf einer Länge von beiläufig neunzig Metern.

Denn ich nehme doch an, dass irgendwer diese Zeilen von Amts wegen empfängt.

Verzeihung, Leser.

Ich müsste neunzig Meter weit auf einem halbmeterschmalen schlüpfrigen Steinband durch den Nebel laufen, überlegte Johannes, links das schwappend gefüllte Becken, rechts das gähnend entleerte.

Von den Brücken über den oberen Toren aus gesehen, formen die Brücken über den unteren Toren zusammen mit dem Damm zwischen den Schleusenkammern ein riesenhaftes T, dessen Kopfstrich allerdings durch eine Höhendifferenz von wenigstens dreizehn Metern von seinem Leibstrich getrennt ist.

Um überhaupt auf den Mauerfirst zu gelangen, musste Johannes durch das Törchen im Brückengeländer treten, hinter dem eine schmale, vollkommen ungesicherte Treppe in die Tiefe stürzt, auf das niedere Niveau des Dammes.

Da ich unter Höhenangst so gut wie unter Tiefenfurcht leide, hätte ich mich niemals auf dieses verrückte Abenteuer einlassen dürfen.

Von den Brücken über den unteren Toren aus gesehen, formen die Brücken über den oberen Toren zusammen mit dem Damm zwischen den Schleusenkammern ein riesenhaftes T, dessen Kopfstrich allerdings durch eine Höhendifferenz von wenigstens dreizehn Metern von seinem Leibstrich getrennt ist.

Um überhaupt auf den Leibstrich zu gelangen, musste ich über die schmalen, vollkommen ungesicherten Halswirbel in die Tiefe klettern, auf das niedere Niveau des Dammes.

Ich drückte das Törchen auf, dann wandte ich mich um und kroch rückwärts auf den glitschigen Steinstufen nach unten.

Dabei bin ich ziemlich sicher, dass dieses Fenster links vor mir eben noch die Schleusenkammern und den scheidenden Damm bis hinunter zum Unterhaupt zeigte, auch die Brücke über den Senktoren, die steil ansteigenden Stufen zwischen Damm und Brücke und sogar das rostfarbene Fahrrad oben am Geländer lehnend.

Während dieses Fenster links vor mir jetzt erloschen ist und nur noch die Wörter wiederholt, die ich am Schaltpult, oder was es sein mag, in die Tastatur eintippe.

Unter fünfunddreißig verschiedenen Modellen, die an stählernen Galgen schwankten, wählte er ein rostfarbenes, sonderbar grobkörnig lackiertes Exemplar. Warum gerade dieses, fragte Siegrist. Johannes zuckte die Achseln, und ohne seinen Stiefvater einer näheren Begründung zu würdigen, beharrte er auf seiner Wahl.

Als ich unten auf dem Damm stand, richtete ich mich behutsam auf und kauerte mich gleich wieder hin, denn zwischen den langsam, geleeartig von links anrollenden Wellen und den langsam, dampfartig von rechts hochkriechenden Nebelschwaden schien auch die Mauer zu schwanken. Und nicht nur zu schwanken, vielmehr schien sie wie Gelee, wie Wellen, wie Dämpfe, wie Nebel zu zergehen, so dass ich buchstäblich nicht wusste, wohin mit meinen Füßen und wohin mit meinen kriechenden Fingern und Knien.

Immerhin gelang es mir, meinen Schwindel vorläufig zu dämpfen, sodass ich mich abermals aufrichten konnte. Flach atmend ging ich los, und indem ich meinen Blick immer nur auf das steinerne Band unmittelbar vor meinen Füßen heftete, kam ich gut voran, obwohl der Ostwind mir nässende Nebelfetzen ins Gesicht blies.

Dies ist ein Notruf, Schleusenamt, bitte antworten Sie.

Da es offenbar sinnlos wäre, wenn diese Worte, die ich hier unten am Schaltpult, oder was es sein mag, in die Tastatur eintippe, lediglich auf wechselnden fensterförmigen Bildschirmen ringsum wiederholt würden.

Auf halbem Weg ergriff mich ein heftiger Schwindel, sodass ich aufschrie und mich fast verloren gab, da der Damm unter meinen Füßen wie Pappmaschee bebte. Immerhin gelang es mir, mich flach auf den First zu legen, ich presste meine Wange, meine Brust, Bauch und Beine gegen den nassen Stein und schloss die Augen.

Erst allmählich wurde mir klar, dass der Damm *wirklich* unter starken Erschütterungen bebte, und schließlich begriff ich, woher diese rhythmischen Stöße rührten. Die Röhren tief unten im Damm waren geöffnet worden, sodass nun das Wasser aus der linken in die rechte Staukammer strömte. Mein liegendes Spiegelbild mit sich in die Tiefe ziehend, sank der Wasserspiegel zu meiner Linken so unglaublich rasch wie ein wirklicher abwärts rasender riesiger Spiegel.

Gleichzeitig quoll aus den Röhren tief unten in der rechten Kammer ein gurgelnder braungelblicher Schaum, der keine erkennbare Ähnlichkeit mit dem links still sinkenden Spiegel aufwies. Sodass es mir im Augenblick mehr als unwahrscheinlich schien, dass der Spiegel links und der Schaum rechts aus ein und derselben Substanz gebildet sein sollten.

Und ich mich einer älteren Geschichte entsann, Leser, der Geschichte, wie Lisa Schindelberg und Paul Siegrist einander kennenlernten, also die Mutter und der spätere Stiefvater des kleinen Johannes, der damals im Alter von elf war. Diese seltsame Erinnerung dämpfte mein Schwindelgefühl, sodass ich immerhin weiterkriechen konnte, während zu meiner Rechten in immer noch schwindelerregender Tiefe dieser braungebliche Schaum aufsteigend sich zu einer riesigen Spiegelfläche glättete und klärte, und während zu meiner Linken in jetzt schon schwindelerregender Tiefe der abgestürzte Spiegel in schmutzfarbene Splitter zerfiel.

Demnach ist diese Zwillingsschleuse durchaus nicht außer Gebrauch, dachte ich weiterkriechend, und im gleichen Moment stieß mein tief gesenkter Kopf gegen die Türschwelle des Turms. Ich erhob mich taumelnd, und da ich die Tür unverschlossen fand, trat ich ein.

Wer Sie auch sein mögen, Schleusenamt oder Kanalbehörde, bitte bestätigen Sie zunächst meine Meldung. Denn dies ist ein Notruf, bitte antworten Sie.

Senden Sie ein Schnellboot, denn wenn ich über den schmalen schlüpfrigen Damm zurückkröche, ich käme unfehlbar in einer der Staukammern ums Leben. Ertrinkend oder zerschmetternd. Ertrinkend, indem ich vom schmalen bröckligen Damm in die dann schwappend gefüllte Staukammer stürzte, oder zerschmetternd, indem ich vom dünnen schlüpfrigen First dreißig Meter tief in die dann bis zum schlammigen Grund entleerte Kammer fiele.

Erst Minuten nachdem sich die Turmtür mit saugendem Geräusch hinter mir geschlossen hatte, wurde mir die grauenhafte Todesangst bewusst, die ich draußen auf dem Damm empfunden hatte, sodass ich mit klappernden Zähnen noch auf der Turmtreppe stammelte: *Nie - nie - zurück!* Und dann lauter, obwohl immer noch klappernd und stammelnd, während ich von der obersten Stufe hier herein, in die gläserne Turmkuppel trat: *Verzeihen Sie, dass ich eindringe --*

Dieser Ausruf setzte den schrill girrenden Matrixdrucker in Gang, der allerdings nur meine Wörter nadelspitz und hörfehlerfrei auf rauschendem Schlaufenpapier wiederholte.

Während ich vorhin, mich über den Matrixdrucker beugend, bloß blöde grinsend die nachgedruckte Botschaft las, frage ich mich inzwischen, wozu diese girrende und schimmernde und blinkende und flimmernde Turmkuppel eigentlich gut sein mag.

Ich sank auf den Drehstuhl, Leser, und drehte mich im Kreis, immer schneller und schneller, sodass die Dutzende fensterförmiger Bildschirme und monitorförmiger Fenster dieser gläsernen Kuppel mich umwirbelten und die Dutzende bunter zuckender Lämpchen sich zu einem regenbogenfarbenen Lichtkreis verwischten.

Johannes, wisperte ich, den Drehstuhl stoppend, was für eine unsinnige Affäre.

Bleich und erschrocken schaute er mich an, gefangen in diesem konkaven, zwischen Fensterreihen und Monitorblöcken geschickt installierten Spiegel.

Während der Turm im ungeheuren heulenden Sturm auf der Staumauer schwankte und während die von links anbrandenden Wellen seinen draußen spiegelnden Leib mit langen weißgrünen Gespensterarmen winselnd umschlangen.

Ich beugte mich über das Schaltpult und fing an, verschiedene Tasten anzutippen, die ich der Einfachheit halber, obwohl vielleicht unzulässigerweise, wie gewöhnliche Schreibmaschinentasten behandle.

Dies ist ein Notruf, Leser, schrieb ich, Leser, allmählich mich beruhigend, denn diese Bildschirmmaschine ist wundervoll.

Dieser Turm auf dem Damm, diese offenbar vollkommen verrottete Zwillingsschleuse, die mich auf einmal an so viele versunkene Geschichten erinnert, mit ihrem Oberhaupt und ihrem Unterhaupt, mit ihren stark bewaldeten, jetzt im Herbst fieberfarbenen Kaiseiten, mit ihren Brücken über den Schleusentoren, mit den steil abstürzenden Stufen zwischen Damm und Brücken, mit den beiden riesigen stinkenden Becken, die tief und tödlich für jedes Geschöpf sind, das weder schwimmen noch fliegen kann.

Wer Sie auch sein mögen, Schleusenamt oder Kanalbehörde, bitte senden Sie ein Schnellboot.

Wenn ich über den schmalen glitschigen Damm zurückkröche, ich käme unfehlbar in einer der beiden Staukammern ums Leben.

Wenn ich heute Abend nicht in mein möbliertes Zimmer zurückkehre, wird niemand mich vermissen, nicht einmal die Leute vom Hotel, da Johannes Schindelberg weitsichtig genug war, sich für drei Tage beurlauben zu lassen.

Wenn ich eines der großen silbernen Räder am oberen Rand des Schaltpultes bewege, kann ich das Heulen des Sturmes und das Winseln der Wellen und das Krächzen der Möwen und das Klagen der Nebelkrähen draußen stufenweise lauter oder leiser drehen.

So laut, dass die Wellen wie Schusssalven gegen die Glaskuppel klatschen, oder so leise, dass die vorbeischwebende Möwe ihren Schnabel wankelmütig auf- und zuklappt, ohne hörbare Schreie auszustoßen.

Indem ich die rote Taste *Antw* niederdrücke, erlöschen alle Bilder auf allen Bildschirmen und alle bisher eingetippten Wörter auf allen Monitoren.

Sodass es mir beinahe schon zwecklos erscheint, Leser, von vorn zu beginnen, dies ist ein Notruf, bitte antworten Sie.

Indem ich die braune Taste *Rea* presse, bauen sich die Bilder und die Wörter in den Flimmerfenstern wieder auf.

Karawane

Zu den Klängen klagender Musik trottet eine lange Karawane Nackter durch die Nacht. Oben huscht der Mond durch Wolken, unten rascheln Füße durch trockenes Gras. Jeder der Nackten hält ein blitzendes Messer in der Hand, und auf einmal fangen alle murmelnd zu singen an: »Wir haben Hunger. Oh solchen Hunger haben wir.« Dazu schlurfen sie immer weiter, schwingen müde die Messer, dann die zweite Strophe: »Wir haben Durst. Oh solchen Durst.«

Plötzlich wird es hell, alle bleiben stehen, starren geblendet nach oben, aber das Licht dringt nicht vom Himmel, dann nach unten, aber auch von dort kommt kein Licht, man weiß nicht, wo es herkommt. In die Stille hinein schreit eine gewaltige Stimme: »Dann esst doch! Dann trinkt doch! Worauf wartet ihr?«

Da entsteht ein Tumult, wieder schwingen alle die Messer, aber nicht mehr müde, erzürnt jetzt schwingen sie die Messer gegen ihre Nächsten, eins will das andre abschlachten, um es ohne weiteres aufzufressen. Schreie erschallen, Klingen klirren, man hört Ächzen, Getümmel, da ruft die gewaltige Stimme: »Aber nein! Nicht so!«

Wieder erstarren alle, blinzeln ratlos, und dann, ganz langsam, läuft ein Schauder des Begreifens über die Masse nackter Leiber, leerer Gesichter hin. »Also noch einmal!«, schreit die Stimme, und wirklich, noch einmal werden die Messer geschwungen, aber jetzt richtet jeder seine Klinge gegen den eigenen Leib.

Ich sah ganz deutlich, wie das zuging: Einer schabte mit dem Messer flach über seinen Schenkel, rollte den Fleischstreifen wie Wurst zusammen und biss gierig hinein, ein anderer setzte bei seiner Bauchschwarte an, wieder einer, ein recht Geschmeidiger, drehte sich in der Hüfte nach hinten und säbelte blitzrasch seine Hinterbacken herunter, die er nachher, auf dem Bauch liegend, säuberlich verschmauste.

Frauen sah ich, die fraßen ihre Brüste, und dann wieder Männer, denen hing das Geschlecht wie gesottene Wurstzipfel aus dem Maul, schließlich auch Kinder, die mit winzigen Messerchen feine weiße Fleischscheibchen aus ihren Beinchen, Brüstchen, Bäuchelchen sägten und die Leckerbissen mit Wohlgefallen verspeisten. Dazu trank man, jeweils aus der Schale der eigenen Hände, das freudig hervorströmende eigene Blut, und da war niemand, der die aparte Labung verschmähte.

Überhaupt ging es sehr anständig zu bei dieser Mahlzeit, alle wirkten zufrieden, die Stimme von vorhin hüstelte noch ein, zwei Mal, wusste aber nichts Rechtes mehr zu sagen, so verstummte sie allmählich, auch das Licht erlosch ganz langsam, fast unmerklich, immer stiller wurde es, immer dunkler, immer friedlicher, alle hatten sich noch einmal gesättigt, ihren Durst noch einmal gestillt, hier und dort wurde gelacht, gebetet, dann nur noch gelächelt, gemurmelt, dann wurde es ganz ruhig, ganz finster, ruhig für immer, finster für immer, keine Sehnsucht und keine Begierde, keine Wunde und keine Sonne ging dort mehr auf.

En attendant Dutroux
(Charleroi 2017)

Immer Lucy

Wie früher gehe ich durch fremde Städte,
das asiatische Mädchen lächelt, in meinem Kopf
balanciere ich die Verse zu ihr nach Hause,
ein Hinterhofhotel, ich bin zu alt für dich, sage ich,
du Tiger, du stark, sagt Lucy, ich glaube ihr
nicht mal ihren Namen, ich will sie von hinten,
dann kann ich auf ihren Rücken schreiben,
während ich in ihr bin, sie lächelt,
ihre Zähne schimmern, als sie sich
um meine Fingerkuppe schließen, das Blut
spritzt auf ihren büttenbraunen Rücken, stoßweise,
so habe ich immer am liebsten geschrieben,
nur leider meist vergessen, ihre Hinterseite abzulichten,
die noch klebrigen Verse auf ihren Schulterblättern,
bevor Lucy unter die Dusche geht.

Ich ersticke

Ich bin ein qualmender Faden an manchen Tagen,
ein Klumpen glimmender Träume
hinter hölzerner Haut.

Dann muss ich mich zeigen, einer Frau, einem Mädchen,
wie meine Mutter, meine Schwestern waren,
so bockig, so biegsam muss sie sein.

Ich bringe sie heim, ich beichte ihr, ich zeige mich ihr,
ich fühle mich wieder, ich kann atmen, fast lachen,
ich ersticke sie.

Ihr gehört mir

Diese Stadt ist voller Schmerzen,
aus tausend Augen starrt sie,
doch ihr Glas ist angstbeschlagen,
in ihren Rinnen fließen Bäche der Beschämung,
wie lange fleht sie schon darum zu sterben,
doch diese Stadt muss leben,
solange ich es will.

Sie ist mein Schmerz,
sie ist meine schlimmen Träume,
ihre Mauern sind geborsten,
sie erstickt an toten Schloten,
ihre schwarzen Backsteindome,
sind mit Stahlskeletten zugesargt.

Ich gehe durch den Stadtpark,
Männer kriechen aus Kanälen,
der Stolz dieser Stadt ist gebrochen,
das Rathaus gehört mir, ihr alle gehört mir,
ich habe keine Freude an euren Tränen,
euren Schmerzen, eurer Angst und Beschämung,
ich trinke sie, um ich zu sein.

Befragt nach dem Motiv

Lange Jahre war er nur ein Tropfen,
zäh dunkel klebrig in der Ecke hinter Krimskrams,
ich vergaß ihn oft für Tage und erschrak,
wenn ich ihn plötzlich wieder spürte,
ein Hauch von Schmerz und Panik bloß,
und weinte fast bei der Idee, er könnte
weg und ich verloren sein.

Immer wenn ich nachsah, war er größer als zuvor,
verschluckte alles Licht, das auf ihn fiel,
ein Brocken rohes Schwarz, grausig auch
für mich, den Hüter, und doch mein Stolz,
mein brennendes Geheimnis.

Dem ich Verstecke baute,
Verschläge Verliese Vergessenszellen,
um ihn zu verwahren, um euch zu bewahren,
vor dem, der Schmerzen Angst Zerbrechen über
alles bringt, das weinen wimmern winseln kann.

Anfangs nicht größer als ein Tropfen, dann schon
ein Klumpen stumpfen Dunkels wie ein
abgefallener Fäustling und quoll und
wölbte sich und wuchs und nichts und
niemand spiegelt sich in ihm.

Nur meine Angst, nur meine zitternde Gewissheit,
ich bin nichts ohne ihn, ein Bündel Holz,
kann ohne ihn nicht aus dem Haus,
nicht aus mir raus, kann ohne ihn
nicht mal bis morgen leben.

Ich ahnte immer, einmal kommt der Tag,
da bricht er aus durch alle
Wände Wälle Wehre,
fährt fremd und furchtbar mir in alle Zellen,
die schon nicht mehr meine sind.

Da brüllt er dumpf aus meinem Mund,
bringt Schmerzen Angst Zerbrechen über euch,
die ich nicht länger schützen kann vor dem,
der immer in mir war,
geduldig wartete und wuchs,
bis ich soweit war,
alles, was ich liebte, zu zerstören.

Neue Zeit

Nichts hat sich verändert,
rede es dir nur ein.
Nichts ist wie vorher,
seit sie schrie.
Deine Stunde null, als sich
ihr Rücken spannte,
ihr Nacken bog,
sie über die Schulter zurücksah,
wie du hinter ihr knietest,
ihre Arme zum V gespreizt,
zuckend, vogelflügelgleich.

Der Geruch ihrer Angst,
die Biegung ihres Nackens,
der Anfang deiner neuen Zeit.
Ihr Schrei hatte nichts Menschliches,
unmenschliche Tat hieß es,
sie hat euch beide verwandelt,
ihr Schrei wie Eisen auf Stein,
als du ihr Herz berührtest.

Vergieß nicht

Wenn du dich in deine Mörder verwandelst,
die keine Gelegenheitsmörder sind,
sondern durch die Vielzahl ihrer Taten
aus der gewöhnlichen Mördermasse weit herausragen,
wenn du dich über viele Monate immer tiefer
in deine herausragenden Mörder hineinverwandelst,
wie sie zu denken und sprechen beginnst,
zu fühlen und sogar zu träumen:
Vergiss nicht, beim Bleivergießen zu bleiben.

Mein Haus in der Wildnis

Mein Haus in der Wildnis wartet auf euch,
meine Marmorhalle, die Sessel mit Löwenfüßen.
Meine Diener tragen Messer im Gürtel,
doch sie dürfen euch nichts tun.

Krank vor Angst laufen meine Pferde im Kreis. Die
Frösche in meiner Wildnis sind viel größer als die
Hüpfer, die ich als Kind in Einmachgläsern fing.
Vorsicht springen und beißen! stand auf der Glaswand,
doch die Echsen im Zoo bewegten sich nie.

Reglos im Uferschlamm liegen meine Krokodile,
und wenn ihr wieder hinschaut, sind sie nicht mehr da.

Meine Himmelbetten warten auf euch, mit Decken
wie junge Leiber. Auf meinen Terrassen liegen
Salamander, starre Schnitzfiguren, im Lichthof
wartet mein Schachspiel, die Läufer leben, meine
Papageien krächzen, es sind alte Männer,
doch auch sie warten auf euch.

Meinen Dienern ziehe ich die Schuhe aus, um ihre
Hasenfüße zu sehen. Nachts erwache ich in einem
meiner Himmelbetten, unter Laken wie junge Haut.
Meine Fohlen schreien auf der Koppel,
die Krokodile pirschen sich ans Gatter,
doch ich höre ihre Vogelkrallen im Gras.

Mein Haus in der Wildnis wartet auf euch,
leicht kommt ihr hinein, nie mehr heraus:
Sie liefern euch in Särgen.

Drüben

Hinter der Wand

Was soll die Frage, nein,
ich war nicht beunruhigt,
als die Wand aufsprang.

Sie war nie ganz zu gewesen,
Licht rann zu mir herüber,
ein Luftzug, kühl und vertraut

wie die Schemen da drüben,
immer schon ihr wildes
Wispern hinter der Wand.

Dein Exil

Dort drüben gibt es keine Bilder,
so viel zu deinem Exil.
Du hockst dich hin und hoffst,
er wird dich übersehen,
und er übersieht dich nie.
Er, er, alles dort ist er, dein
Schmerz, deine Angst, deine Gier,
und keine Wiederkehr.

Das andere

Am Anfang schreiender Schaum,
das andere erst lange danach.
Vorher pfeifende Gischt in der
Erinnerung irres Getriller,
dann erst der Schleier, der
dein Schweigen erzwingt.
Seitdem Ausdrucksdrang,
kein Widerspruch, nur die
Spannung, aus der du
schreibend schweigst.

Unter dem Stammelmond

Wie sie durch die Pforte ziehen,
mit Gesang für das stammelnde All,
sieben Kinderstiefelschritte tief und
drüben die brüllende Nacht.
Durch den Tunnel aus schwarzem Stein,
mit Geheul für den tobenden Kosmos,
kein Zurück für deine Kleinen,
nichts Neues unter der Stechschrittsonne,
anders unter dem Stammelmond.

Keiner weiß es

Wir bilden sie aus übers Jahr,
lehren sie singen und rezitieren,
beten und meditieren,
um sie hinüberzuschicken,
in die Nacht aus Stein.

Manchmal hörst du einen von ihnen
in der ersten Stunde noch singen,
eher flehen, nur eine Stunde,
einen von acht
nach einem Jahr.

Du hörst seine Angst, seinen Schmerz,
wie er verstehen will, warum
wir sie weggeworfen haben,
alle acht in die
Nacht aus Stein.

Keiner weiß es,
wir machen weiter
Jahr für Jahr.

Lockerung

Einmal rinnt Stein und einmal Asche,
Lockerung und dann die rasche
alte Gebärde, die im Grauen scharrt,
vom alten Wahn genarrt.

Und wieder das Graue behauchen, kneten,
zu den alten Bildern beten,
wieder Furchen feuchten, pflügen,
besäen und zum Antlitz fügen,
den alten Weg zertreten.

Und wieder das Flackern alter Augen,
das Graue zerhuscht,
wieder das Speien Kiemen Säugen,
das Züngeln aus Sümpfen Brünsten Laugen,
wieder die Lüge vertuscht.

Und dann wieder das Meer: ergrauende Düne
und an der Mole das letzte Gondellied.
Wieder des alten Fehlers Sühne
und das gespaltene Ich, das flieht:
Sein Vergehen im Grauen, auf dämmernder Bühne.

Einmal rinnt Stein und einmal Asche,
Lockerung und dann die rasche
alte Stimme, die das Graue trennt,
Ton zu Silben, Wort zu Versen brennt.

Erstarrt

Wenn

Wenn jedes Ding ist, was es ist,
ist auch der Mond nur Gestein,
deine Zelle nur Mauer und Stahl.

Ist auch das Lichtgekritzel,
das in dein Verlies einsickert,
nur Welle und Schliere.

Ist das steinkalte Lachen
aus dem Wachraum nebenan
nur Atem und Schall.

Ist ein Herz nur aus Fleisch
alles, was du brauchst,
wenn sie dich holen.

Alles

Unter der Viertelschwinge,
die ihm vom Siegen geblieben ist,
hütet er sein Gewinnergrinsen.

Frierend im Schatten des Schützers,
beklagst du deinen Abweg:
Wer redet von Bestehen,
alles ist Vergehen.

Zerspringen

Sei hart und böse zu dir selbst,
sei kalt und herzlos zu der Welt,
zieh uns auf wie Spielzeugtiere,
bis wir zu buntem Schrott zerspringen,
bemaltes Blech, Federn und Räder,
lass sie liegen, wie sie fielen,
gib dem Zerspringen keinen Sinn.

Auch keine Weihe zweiten Grades,
sag nie, fast wär es gutgegangen,
sag nur, es konnte nie gelingen,
wir konnten nie anders als zerspringen,
es gab nie einen, der uns heilen könnte,
gib dem Zerspringen keinen Sinn,
dann ist es wahr.

Großmeister der Verzweiflung

Der Großmeister der Verzweiflung,
der tödlichen Totalverstörung, der
immerwährenden Seelenschwärze:

Die Todesangst eine fantastische Welt,
das Leben ein Bühnenstümperstück,
wenn der Vorhang aufgeht, alles vorbei.

Mit seinen Arien artistischer Allesverachtung,
seinen Hassopern, Zornpolyphonien, seinen
Klagen rar wie schwarze Sonnenstrahlen blieb er

auf Kurs im gefluteten Angstbergwerk,
ein philosophischer Schattenflößer,
für illegale Immigranten wie mich.

Totgeglaubt

Der Brunnenberg besetzt,
der Park in der Hand
eines eisigen Herrschers.

Das Lusthaus sein Frostpalast,
geschlagen seine Gegner,
am Rand der Allee.

Du brauchst keine Schleuder
mehr und keine Steine:
Die Kronen sind ausgeräumt,
die Wolken darüber leer.

Die Weiden ohne Trauer,
der See ohne Tiefe,
funkelnde Fläche nur,
besät mit Elsterfedern.

Euer Lachen stößt aneinander,
härter als Eis.
Atemwölkchen steigen auf,
leer und allein.

Du bist frei

Kein Engel birgt dich unter seinen Schwingen,
an keines Gottes Seite wirst du sitzen,
in keine Hölle jemals stürzen,
du bist frei.

Ein Affe mit Feuerwaffe,
hättest dir längst den Kopf zerschossen
ohne den Wahn, dass einer mit Flügeln
dich trüge aus dir heraus.

Stare auf dem Zug nach Süden
machen Rast in deiner Allee,
überziehen die Stämme mit Stuckaturen,
Metaphern für nichts.

Überreste

Hinter dem Vorraum deiner Herzlichkeit
keine bewohnbaren Zimmer,
nur Trümmer, rußige Wände,
Überreste von Möbeln, dein Bett
Asche, ein brennendes Buch
neben dem Bodenloch,
in dem du kauerst.

Ausblick

Du wirst ein Haufen Scherben sein,
hingeschüttet zwischen wirren Büschen,
sodass kein Sonnenstrahl dich mehr erreicht.

Du wirst verlassen und zerbrochen sein,
in deinen Splittern wird sich nichts mehr spiegeln,
kein Lächeln, keine Liebe, nicht mal mehr Hass.

Du wirst verloren und zerstoßen sein,
dein Herz zergangen zwischen Händen,
die von innen her dich still zerrieben.

Nachwort

Stunde der Mörder versammelt eine Auswahl meiner lyrischen Versuche, die zwischen 1988 und 2018 entstanden sind. Bis auf wenige Ausnahmen werden die Texte hier erstmals veröffentlicht. Bereits seit den Siebzigern habe ich zwar häufig in Literaturzeitschriften publiziert – in altehrwürdigen wie *Literatur und Kritik* und in kurzlebigen wie dem apart designten *Cimarron*, der meiner Erinnerung nach nur wenige Ausgaben erlebte. Doch schon während meiner schriftstellerischen Anfänge veröffentlichte ich überwiegend erzählende Prosa, derweil meine lyrischen Arbeiten fast durchweg in Schubladen verschwanden.

Für die hier vorgelegte Auswahl habe ich in alten Manuskripten und Dateien gestöbert. Dabei stellte ich fest, dass gewisse Grundmotive auch in meinen kleineren Arbeiten fast von Anfang an vorhanden sind und in Variationen und Weiterentwicklungen immer wiederkehren – vom lyrischen Prosastück *Der Weg* etwa, das zu den frühesten in dieser Sammlung zählt, bis zu dem im Sommer 2017 in Charleroi entstandenen kleinen Gedichtzyklus, dem dieser Band seinen Namen verdankt.

Das Buch gliedert sich in sieben Teile: *Draußen – Dazwischen – Besessen – Ausgespien – En attendant Dutroux – Drüben – Erstarrt.* Bruchstückhaft bilden sie fragmentierte Welt- und Selbsterfahrung nach, eine disparate Vielheit von Teilpersönlichkeiten und Bewusstseinszuständen, innerhalb derer dem klassischen lyrischen Ich allenfalls noch Gastrollen zukommen.

Entsprechend breit ist das formale Spektrum der Texte, die von strengeren Formen mit Anklängen an Sonett oder romantische Lieddichtung über das Prosagedicht bis hin zu lyrischer Prosa reichen. Doch eines ist ihnen allen gemeinsam: Es sind Fetzen extrem verdichteter Erzählungen, verpflichtet einer Logik des Albtraums und anderer mentaler Grenzerfahrungen. Darin wiederum sind sie auch meinen größeren Arbeiten eng verwandt, den Erzählungen, die in einem eigenen Band der Edition Marbuelis zusammengestellt werden, und den Romanen seit meinem Debütwerk *Der Irrläufer* (entstanden 1987).

Meinem kreativen Temperament nach bin ich zwar mehr Erzähler als Lyriker, und die Großform des Romans entspricht der Unbändigkeit meines inneren Erlebens wohl eher als die hermetische oder skizzenhafte Miniatur. Doch diese lyrischen Nebenstimmen sind mir seit jeher genauso wichtig wie die narrativen Hauptstimmen, denen in den Romanen eine große Bühne nach der anderen bereitet wird. Umso mehr freue ich mich, dass auch der leisere Teil meines schriftstellerischen Orchesters mit diesem (Letzte-)Stundenbuch einen mörderischen Auftritt bekommt.

Berlin, im Herbst 2020,
Andreas Gößling